MÉMOIRE

LES LOIS DES NAISSANCES ET DE LA MORTALITÉ

A BRUXELLES.

Par M. A. QUETELET.

MÉMOIRE

SUR

LES LOIS DES NAISSANCES ET DE LA MORTALITÉ

A BRUXELLES.

1. L'INTRODUCTION de sociétés d'assurances sur la vie, dans nos provinces, et le désir de voir se consolider parmi nous ces établissemens qui peuvent devenir si utiles quand ils sont dirigés dans de louables intentions, nous ont porté à faire des recherches sur les lois de la mortalité et à examiner en même temps ce qui concerne les lois des naissances. Les seules tables de mortalité connues pour notre royaume, sont celles que *Kerseboom* a dressées pour les rentiers viagers de la Hollande : mais, comme on l'a fort bien observé, la position de ces individus ne peut guères être assimilée à celle des hommes, pris dans l'état ordinaire de la société; et, par là même, ces tables deviennent moins propres à déduire des conclusions sur la véritable marche de la nature. Les élémens des tables que nous proposons, ont été puisés dans les registres de la ville de

Bruxelles (1). La concordance que nous avons généralement trouvée entre les résultats particuliers et les résultats généraux semble être un garant de leur exactitude.

2. Nous commencerons par ce qui concerne les naissances; nous examinerons quels sont les mois de l'année les plus propres à la réproduction, et nous chercherons en même temps s'il est possible de déterminer à cet égard quelque loi de la nature; nous examinerons ensuite les variations auxquelles est assujétie la mortalité dans le cours de l'année; et enfin nous déduirons des tables de mortalité pour les hommes et pour les femmes, différens résultats qui pourront offrir quelqu'intérêt, surtout en ce qui a rapport aux sociétés d'assurances.

3. En suivant attentivement la marche régulière de la nature dans le développement des plantes et des animaux, l'analogie nous autorise à croire que l'influence de ses lois doit s'étendre jusque sur l'espèce humaine. On pourrait cependant s'égarer en ne consultant que l'analogie et en négligeant de soumettre à un calcul rigoureux les élémens qui caractérisent ces lois et qui sont à notre disposition. C'est en comptant les naissances à chaque époque de l'année, qu'on peut espérer au bout d'un certain temps de parvenir à un résultat qui s'éloigne peu de la vérité; c'est aussi la marche que nous avons suivie pour les dix-huit années qui viennent de s'écouler. Nous n'en avons pu employer un plus grand nombre sans nous exposer à des erreurs, à cause du désordre qui régnait dans les registres de l'état civil avant cette époque.

---

(1) J'ai été aidé dans cette partie pénible de mon travail par M. *Morren*, l'un de mes élèves, qui a eu la constance de faire la plupart des extraits dont j'avais besoin.

Or, en prenant pour unité ou pour terme moyen, le douzième du nombre des naissances qui ont eu lieu pendant ces années, nous sommes parvenu à former le tableau suivant, dans lequel nous avons aussi indiqué les époques des conceptions, en supposant le temps moyen de la grossesse de neuf mois et en regardant ses dangers comme étant constamment les mêmes.

ÉPOQUES DES NAISSANCES.	ÉPOQUES DES CONCEPTIONS.	RÉSULTATS.
Janvier.	Avril.	1,0403.
Février.	Mai.	1,1570.
Mars.	Juin.	1,0991.
Avril.	Juillet.	1,0790.
Mai.	Août.	0,9893.
Juin.	Septembre.	0,9559.
Juillet.	Octobre.	0,9012.
Août.	Novembre.	0,9033.
Septembre.	Décembre.	0,9401.
Octobre.	Janvier.	0,9492.
Novembre.	Février.	0,9679.
Décembre.	Mars.	1,0175.

Il résulterait donc de ce tableau que l'époque la plus favorable à la conception aurait lieu au mois de mai, tandis que l'époque la plus défavorable se trouverait vers la fin d'octobre. Le rapport entre les nombres des conceptions qui se font à ces époques serait d'environ 5 à 4. La régularité de ces résultats n'est pas moins remarquable que la singulière coïncidence des époques que nous venons d'indiquer, avec celles de l'année où tout ce qui nous entoure, semble également prendre un nouveau degré de force et de vie, ou bien languir pendant quelques instans pour se ranimer encore.

Des recherches à peu près semblables ont été présentées par le docteur *Baily* à l'Académie des Sciences de Paris (le 14 février 1825). Dans ce mémoire, dont on ne connaît encore que des extraits, l'auteur est parvenu à des résultats assez irréguliers et qui paraissent peu conformes à la marche simple de la nature. Il attribue ces écarts à différens motifs particuliers, qui peuvent être plus ou moins bien fondés : c'est ce qu'une plus longue observation pourra seule nous apprendre. Ces recherches intéressantes se rattachent de trop près à la connaissance physiologique de l'homme, pour ne pas être suivies par le naturaliste avec tout le soin qu'elles méritent.

4. Quand on veut se représenter géométriquement la loi des naissances comme celle de la mortalité, on trouve une courbe transcendante qui ressemble beaucoup à la sinusoïde. On pourrait lui donner pour équation : $y = a + b$ sinx. Il faudrait prendre, pour abscisses, les différentes époques de l'année ; et l'ordonnée représenterait le nombre des naissances à ces époques. La quantité constante a est le nombre moyen des naissances que nous avons pris pour unité dans notre tableau, et l'autre constante b est la différence entre cette valeur moyenne a et le nombre *maximum* ou *minimum* des naissances.

Or, quand on replie le plan de la courbe de manière à former un cylindre sur lequel l'axe des abscisses s'enroule circulairement, tous les points de la sinusoïde vont se placer sur une ellipse. Cela posé, si l'on a égard à la loi que suit l'accroissement des populations, on pourra se représenter la succession des générations par une succession de bandes de papier qui, étant enroulées, forment un cylindre droit, ayant pour bases d'une part un cercle et de l'autre une ellipse : chaque tour figurerait la révolution d'une année. Ces bandes présenteraient d'autant plus de surface et les sinusoïdes d'autant plus d'étendue qu'on s'éloignerait davantage de l'axe du cylindre; on conçoit cependant que cet accroissement aurait des limites et que l'épaisseur du rouleau aurait un certain terme dans sa croissance, à peu près comme l'arbre de nos forêts : ce terme pourrait dépendre de différentes circonstances et surtout de l'étendue de terrain que doit couvrir la population. On pourrait porter cette comparaison beaucoup plus loin, et y trouver de nouveaux points de rapprochemens qui n'offriraient pas moins d'intérêt pour l'observateur.

5. Nous venons d'examiner la loi des naissances aux diverses époques de l'année, cherchons maintenant la loi de la mortalité aux mêmes époques. Ici nous avons été contraint d'avoir égard aux résultats de l'épouvantable catastrophe de Waterloo qui, par sa proximité des murs de Bruxelles, a contribué à déranger l'ordre ordinaire de la mortalité et s'est fait ressentir encore long-temps après. Nous avons donc négligé quatre années, à partir de 1815; et, en employant dix-sept années d'observation, nous avons dressé le tableau suivant. Nous avons ici, comme précédemment, pris pour unité le nombre moyen des décès; et nous avons aussi eu égard à l'inégale longueur des mois. Sur les dix-sept annécs d'observation, six ont été prises à partir de 1824, et les autres sont celles qui ont précédé la bataille de Waterloo (1).

---

(1) Un fait à remarquer, c'est que pendant que les lois de la mortalité étaient interverties de cette manière, celles des naissances ne subissaient pas la moindre altération, ce qui prouve que la mortalité n'a été augmentée que par la présence des étrangers qui sont morts à Bruxelles, et non par des maladies contagieuses.

Tome III.

ÉPOQUES DES DÉCÈS.	RÉSULTATS.
Janvier.	1,1724.
Février.	1,1096.
Mars.	1,1001.
Avril.	1,0684.
Mai.	0,9955.
Juin.	0,9164.
Juillet.	0,8057.
Août.	0,8439.
Septembre.	0,8843.
Octobre.	0,9564.
Novembre.	0,9751.
Décembre.	1,1719.

On voit qu'ici les termes *maximum* et *minimum* sont encore plus fortement prononcés que dans le tableau des naissances, puisque leur rapport approché est d'environ trois à deux.

6. Une autre observation qui ne peut échapper, à l'inspection des deux tableaux, c'est que le nombre des naissances est le moins grand lorsque le nombre des décès est également le moins fort : ce qui s'accorde très-bien avec la remarque de *Malthus*, que le nombre des naissances augmente lorsqu'il s'est fait un vide dans la population, même à la suite de fléaux destructeurs. On pourrait croire que cette coïncidence tient à ce que la mortalité, qui est très-grande parmi les enfans, croit en raison des naissances : nous nous sommes assuré, du moins pour les années que nous avons employées, qu'il n'existe point de différence sensible pour les différens mois.

Il résulte donc de ce qui précède, que la loi des naissances pendant l'année, est à peu près la même que celle des décès, et que de plus leurs variations coïncident à Bruxelles, et suivent, par un nouveau rapprochement assez singulier, à peu près les variations du thermomètre, mais prises dans un sens opposé : c'est-à-dire qu'à l'époque où le nombre des degrés de l'échelle thermométrique est le plus fort, le nombre des naissances et des décès est le plus faible; et réciproquement que ce dernier nombre est plus fort quand le premier devient plus faible. D'où l'on est naturellement en droit de conclure que les froids de l'hiver, dans nos climats, sont moins favorables que les chaleurs de l'été.

7. Après avoir examiné les inégalités auxquelles est assujétie la mortalité pendant le cours d'une année, passons à l'examen des lois d'après lesquelles les générations s'éteignent à Bruxelles. Les tables que nous présentons, ont été dressées séparément pour les hommes et pour les femmes; nous avons conservé les nombres tels que nous les avons obtenus, sans nous permettre d'y faire aucune correction. La régularité qu'on y remarquera sans doute, devra inspirer quelque confiance, si, d'une autre part, elles ne sont pas basées sur plus de six années d'observation. Nous avons pris soin de comparer les résultats généraux aux différens résultats particuliers, et nous avons constamment trouvé le plus grand accord; excepté pour l'année 1824, où la mortalité a été plus grande parmi les enfans, que pour les autres années.

	LOI DE LA MORTALITÉ.			LOI DE LA POPULATION.		
AGES.	HOMMES.	FEMMES.	TOTAL.	HOMMES.	FEMMES.	TOTAL.
0	7418	6843	14261	213207	221479	434686
1	5674	5536	11210	205789	214636	420425
2	5023	4942	9965	200115	209100	409215
3	4654	4614	9268	195092	204158	399250
4	4431	4409	8840	190438	199544	389982
5	4304	4225	8529	186007	195135	381142
6	4194	4209	8403	181703	190910	372613
7	4138	4137	8275	177509	186701	364210
8	4089	4100	8189	173371	182564	355935
9	4061	4069	8130	169282	178464	347746
10	4026	4038	8064	165221	174395	339616
11	4007	4017	8024	161195	170357	331552
12	3990	3991	7981	157188	166340	323528
13	3968	3967	7935	153198	162349	315547
14	3951	3939	7890	149230	158382	307612
15	3936	3911	7847	145279	154443	299722
16	3908	3890	7798	141343	150532	291875
17	3886	3861	7747	137435	146642	284077
18	3861	3841	7702	133549	142781	276330
19	3822	3801	7623	129688	138940	268628
20	3779	3768	7547	125866	135139	261005
21	3712	3723	7435	122087	131371	253458
22	3643	3676	7319	118375	127648	246023
23	3579	3619	7198	114732	123972	238704
24	3530	3551	7081	111153	120353	231506
25	3455	3482	6937	107623	116802	224425
26	3384	3432	6816	104168	113320	217488
27	3324	3367	6691	100784	109888	210672
28	3274	3318	6592	97460	106521	203981
29	3219	3279	6498	94186	103203	197389
30	3170	3242	6412	90967	99924	190891
31	3126	3180	6306	87797	96682	184479
32	3090	3142	6232	84671	93502	178173
33	3031	3112	6143	81581	90360	171941
34	2982	3060	6042	78550	87248	165798

LOI DE LA MORTALITÉ.				LOI DE LA POPULATION.		
AGES.	HOMMES.	FEMMES.	TOTAL.	HOMMES.	FEMMES.	TOTAL.
35	2940	3001	5941	75568	84188	159756
36	2893	2954	5847	72628	81187	153815
37	2838	2899	5737	69735	78233	147968
38	2795	2846	5641	66897	75334	142231
39	2744	2787	5531	64102	72488	136590
40	2687	2742	5429	61358	69701	131059
41	2623	2683	5306	58671	66959	125630
42	2569	2639	5208	56048	64276	120324
43	2505	2597	5102	53479	61637	115116
44	2458	2547	5005	50974	59040	110014
45	2384	2494	4878	48516	56493	105009
46	2328	2427	4755	46132	53999	100131
47	2271	2386	4657	43804	51572	97376
48	2219	2330	4549	41533	49186	90719
49	2159	2277	4436	39314	46856	86170
50	2093	2240	4333	37155	44579	81734
51	2015	2174	4189	35062	42339	77401
52	1969	2136	4105	33047	40165	73212
53	1920	2084	4004	31078	38029	69107
54	1868	2037	3905	29158	35945	65103
55	1801	1989	3790	27290	33908	61198
56	1735	1949	3684	25489	31919	57408
57	1680	1888	3568	23754	29970	53724
58	1640	1836	3476	22074	28082	50156
59	1590	1787	3377	20434	26246	46680
60	1549	1738	3287	18844	24459	43303
61	1445	1666	3111	17295	22721	40016
62	1404	1620	3024	15850	21055	36905
63	1329	1557	2886	14446	19435	33881
64	1259	1476	2735	13117	17878	30995
65	1188	1407	2595	11858	16402	28260
66	1117	1342	2459	10670	14995	25665
67	1041	1285	2326	9553	13653	23206
68	978	1219	2197	8512	12368	20880

	LOI DE LA MORTALITÉ.			LOI DE LA POPULATION.		
AGES.	HOMMES.	FEMMES.	TOTAL.	HOMMES.	FEMMES.	TOTAL.
69	917	1152	2069	7534	11149	18683
70	844	1096	1940	6617	9997	16614
71	770	993	1763	5773	8901	14674
72	700	929	1629	5003	7908	12911
73	612	858	1470	4303	6979	11282
74	553	792	1345	3691	6121	9812
75	479	714	1193	3138	5329	8467
76	415	652	1067	2659	4615	7274
77	366	600	966	2244	3963	6207
78	318	522	840	1878	3363	5241
79	283	465	748	1560	2841	4401
80	256	402	658	1277	2376	3653
81	209	344	553	1021	1974	2995
82	173	306	479	812	1630	2442
83	145	273	418	639	1324	1963
84	124	219	343	494	1051	1545
85	98	186	284	370	832	1202
86	82	156	238	272	646	918
87	62	118	180	190	490	680
88	42	93	135	128	372	500
89	30	66	96	86	279	365
90	21	55	76	56	213	269
91	14	44	58	35	158	193
92	7	30	37	21	114	135
93	6	20	26	14	84	98
94	3	18	21	8	64	72
95	2	15	17	5	46	51
96	2	13	15	3	31	34
97	1	8	9	1	18	19
98		5	5		10	10
99		2	2		5	5
100		1	1		3	3
101		1	1		2	2
102		1	1		1	1

8. En substituant aux nombres, des figures qui peignent, pour ainsi dire, la loi de la mortalité, on trouve des lignes qui ne s'écartent pas sensiblement de celles qu'on a construites dans plusieurs autres pays. Elles s'abaissent d'abord assez fortement jusque vers quatre ou cinq ans, pour devenir à peu près horizontales ensuite ; et vers dix-huit à vingt ans, ces courbes s'abaissent de nouveau et s'écartent peu de la ligne droite, jusque vers l'âge de quatre-vingts ans où elles prennent une pente moins rapide, en se terminant. La courbe de mortalité pour les femmes, d'abord moins élevée que pour les hommes, finit par s'en rapprocher vers l'âge de six à sept ans ; puis elle se confond à peu près avec elle, et ne s'en détache que vers l'âge de vingt-un ans : à partir de cette époque elle lui reste constamment supérieure sans cependant s'en écarter beaucoup. Il résulte de ce qui précède qu'on pourrait sans trop s'éloigner de la vérité, admettre l'hypothèse de *Moivre*, et n'établir qu'une seule progression depuis l'âge de vingt-deux ans jusqu'à celui de quatre-vingts.

9. Quoiqu'à Bruxelles la mortalité soit assez grande parmi les enfans, elle est cependant bien loin d'égaler celle de la plupart des autres grandes villes. Si l'on cherche en effet quelle y est la vie *probable*, c'est-à-dire le nombre d'années après lequel la probabilité d'exister et celle de ne pas exister sont les mêmes, on trouve pour ce terme, à compter de la naissance, qu'à Paris il tombe entre huit et neuf ans ; à Londres, un peu avant trois ans ; à Vienne, un peu avant deux ; un peu après à Berlin ; tandisque, d'après nos tables, ce terme tomberait vers vingt-un ans pour les garçons, entre vingt-six et vingt-sept ans pour les filles, et après vingt-trois ans quand on ne fait aucune distinction des sexes. « La table de *l'annuaire,* moyenne pour toute

la France, le place entre vingt et vingt-un ans; celle d'Angle-
terre, entre vingt-sept et vingt-huit ans; celle de Brandebourg,
entre vingt-cinq et vingt-six; celle de Suisse, à quarante-un
ans. » Cette prodigieuse différence entre les campagnes et la ville,
ne saurait être attribuée qu'aux suites de l'extrême misère, à
la malpropreté, au resserrement des demeures et à l'insalubrité
qui en est la conséquence dans les capitales : à Montpellier,
ville dont la population est d'environ trente-deux mille individus, et dont on regarde le séjour comme très-sain, le terme
dont il s'agit n'est cependant placé que vers six ans. » (*Lacroix,
Calcul des Probabilités*). Cette grande disproportion ne peut-
elle pas tenir encore à cette loi de la nature, dont nous avons
parlé précédemment, qui permet d'autant moins à une population de se multiplier que le terrain qu'elle couvre, est déjà
plus peuplé? Nous ignorons les moyens qu'elle emploie pour
parvenir à ses fins; nous ne savons si le principe destructeur
se trouve dans l'air même que nous respirons; mais, à en juger
par les effets, il en est de nous à peu près comme des arbres
d'une forêt, qu'on ne saurait multiplier au delà de certaines
limites, dépendantes de la surface du sol qui les nourrit. Il est
à remarquer d'ailleurs que la mortalité la plus grande atteint
surtout les enfans au moment où ils entrent dans la vie, car
pendant les deux premiers mois qui suivent leur naissance, il
en meurt presqu'autant que pendant le reste de l'année; et c'est
surtout sur le premier mois que porte l'excès de cette différence. Voici ce que nous avons obtenu en cherchant le nombre
des enfans morts pendant les quatre premiers mois qui ont
suivi leur naissance, 1044, 390, 231, 185 : et pour les huit
derniers mois de l'année, 156, 156, 162, 152, 140, 153,
142, 140.

De sorte que c'est aux portes mêmes de la vie que les générations se trouvent pour ainsi dire décimées. Nous pensons aussi que c'est sur les premiers mois principalement que doit se tourner l'attention des observateurs, s'ils veulent surprendre quelques nouveaux secrets à la nature dans sa manière de distribuer la mortalité.

10. Dans l'espace de six années, il est né à Bruxelles vingt mille neuf cent et soixante-quinze enfans; trois mille cinquante-un sont morts pendant la première année et mille quarante-quatre dès le premier mois; de sorte que le vingtième, à peu près exactement, a été moissonné dès le premier mois; et plus du septième après la première année. La probabilité de mourir, le premier mois, était donc à peu près un vingtième, pour chacun d'eux avant sa naissance, et un septième, pour l'année; en divisant le nombre des chances favorables à l'événement attendu par le nombre total de chances.

On est convenu de calculer cette probabilité d'une manière un peu différente, mais beaucoup plus expéditive, quand on a des tables de mortalité. En effet, on conçoit, comme le faisait *Halley*, que les quatorze mille deux cent soixante et un individus, par exemple, dont nous avons marqué les époques des décès étaient nés en même temps et qu'ils se sont ensuite éteints successivement comme l'indique notre tableau; de sorte qu'à l'âge de 1 ans, il n'en restait plus que onze mille deux cent et dix. Mais alors les résultats diffèrent un peu de ceux que nous avons obtenus précédemment; cela tient à ce que l'on suppose d'après la seconde méthode, une population stationnaire, tandis qu'à Bruxelles, elle est croissante.

11. Si l'état de la population à Bruxelles était stationnaire, on pourrait déduire des tables de mortalité le nombre d'individus de chaque âge qui s'y trouvent; et en suivant les méthodes connues, on trouverait soixante-douze mille quatre cent et quarante-huit âmes. Mais notre hypothèse n'étant point conforme à la vérité, il faudra tenir compte du rapport des naissances aux décès, pour trouver la valeur approchée de la population; je dis valeur approchée, parceque nous ignorons quelles variations a subies ce rapport. En comparant les naissances aux décès, pendant les années qui ont précédé l'établissement du gouvernement actuel, on trouve qu'il a beaucoup augmenté dans un espace de temps assez court, ce qui montre qu'il faut augmenter le nombre précédent. On peut tirer de là une autre conclusion, c'est que les dépenses considérables qui ont été faites par la régence pour l'embellissement de Bruxelles, ont eu encore un autre effet que celui qui concernait l'agrément de la ville, puisque l'air y est devenu plus sain et la mortalité moins grande.

La table, intitulée *Loi de la Population*, suppose une population totale de 434686 personnes, comprenant 213207 hommes et 221479 femmes : elle sert à indiquer combien il y a de personnes parmi elles qui ont un âge donné. Veut-on savoir, par exemple, combien il y a d'hommes ou de femmes qui ont 26 ans ou plus, on trouve 217488 dont 113320 femmes et 104168 hommes; c'est-à-dire que la population se partage en deux parties à peu près égales, l'une ayant moins de 26 ans et l'autre, un peu plus forte, ayant 26 ans ou plus.

12. On pourra encore déduire de la même table, le rapport entre le nombre total des hommes et celui des femmes, dont

la population se compose; on trouve en effet 2i32o7 et 221479, rapport qui est d'environ 26 à 27; c'est-à-dire que le nombre des femmes y surpasse seulement de $\frac{1}{26}$ le nombre des hommes. Il ne faut pas confondre ce rapport avec celui des naissances masculines aux naissances féminines; car, au contraire, comme on sait, il nait moins de femmes que d'hommes; mais les femmes, vivant généralement plus long-temps, doivent accroître considérablement cette partie de la population.

i3. Revenons maintenant aux applications du calcul des probabilités, dans l'hypothèse d'une population stationnaire. Nous avons vu que pour l'enfant naissant, la vie probable avait pour valeur moyenne 23 ans : à l'âge de 5 ans, la vie probable est à son *maximum :* elle est de plus de 44 ans pour les garçons, et de plus de 47, pour les filles : quand on ne fait aucune distinction de sexes, elle est d'environ 45 ans et demi. A l'âge de 3o ans, la vie probable est encore de 32 ans; à l'âge de 5o, de i8, et à l'âge de 70, d'environ 7 ans.

i4. A l'âge de 4o ans, la vie probable est à Paris, de plus de 2i ans (i); en France, terme moyen, 23 ans; à Londres i8; à Vienne plus de i9; à Berlin de même; en Suisse, près de 25. A Bruxelles, la vie probable à la même époque est d'environ 23 ans pour les hommes; de près de 26, pour les femmes, et d'environ 24, quand on ne fait point de distinction de sexes.

i5. Selon *Price,* la probabilité de parvenir à 8o ans est de $\frac{2}{43}$ dans le pays de Vaud, $\frac{2}{45}$ en Brandebourg, $\frac{1}{3o}$ à Breslaw,

---

(i) Voyez le calcul des probabilités par *Lacroix*, à qui nous empruntons la plupart des données dont nous nous sommes servi. Voyez aussi le grand ouvrage de M. le marquis *Delaplace.*

66.

$\frac{1}{37}$ à Berlin, $\frac{1}{40}$ à Londres, $\frac{1}{41}$ à Vienne. A Bruxelles, nous trouvons que cette même probabilité a pour valeur $\frac{1}{29}$ pour les hommes, $\frac{1}{17}$ pour les femmes et $\frac{1}{27}$ quand on ne fait point distinction de sexes.

16. Enfin si l'on regarde comme mesure de la *longévité*, l'âge de 90 ans, la table de *l'annuaire* donne pour la France 0,0038; celle de Londres, 0,0020; celle de Vienne 0,0020; celle de Berlin 0,0042, et celle de Suisse, 0,0050. Celle de Bruxelles donnera 0,00283 pour les hommes; 0,00804 pour les femmes; et 0,00554 pour les deux sexes.

La probabilité pour une femme d'atteindre l'âge de 100 ans serait de $\frac{1}{6843}$.

17. Passons maintenant à l'emploi que l'on peut faire des tables précédentes, dans les spéculations des sociétés d'assurances. Comme à Bruxelles la probabilité de mourir est moins grande, pendant la jeunesse, que dans la plupart des autres villes, le prix des assurances y sera aussi moins grand, puisqu'il doit être proportionné aux dangers que l'on court. Au contraire, le prix deviendra plus grand pour les personnes qui auront déjà atteint un certain âge. De sorte qu'en se servant de nos tables, le tarif sera en général plus avantageux pour les assurés en bas âge que pour ceux qui ont dépassé vingt ans. Voici un tableau qui présente le taux de la prime annuelle d'une assurance de 100 fl. effectuée pour un an. La première colonne est calculée d'après la table de *Duvillard*, qui se trouve dans *l'annuaire* du bureau des longitudes. Elle est employée par la compagnie d'assurances générales sur la vie de Paris; elle a été employée aussi par celle qui vient de s'établir à Bruxelles, sous le même nom. La seconde colonne est calculée d'après les tables de *Kerseboom* et les dernières d'après les nôtres.

Taux de la prime annuelle de 100 fl. effectuée pour un an.

AGE DE L'ASSURÉ.	D'APRÈS DUVILLARD.	D'APRÈS KERSEBOOM.	POUR LES HOMMES.	POUR LES FEMMES.	MOYENNE VALEUR.
0	23, 25	19, 65	23, 51	19, 10	21, 39
1	12, 47	4, 45	11, 47	10, 73	11, 10
2	7, 02	4, 19	7, 35	6, 63	7, 00
3	4, 16	3, 60	4, 79	4, 44	4, 62
10	0, 77	1, 01	0, 47	0, 52	0, 50
20	1, 18	1, 10	1, 78	1, 19	1, 50
30	1, 55	1, 69	1, 39	1, 91	1, 69
40	1, 89	1, 49	2, 38	2, 15	2, 26
50	2, 60	2, 37	3, 73	2, 95	3, 32
60	4, 30	3, 40	6, 71	4, 14	5, 36
70	8, 15	5, 71	8, 77	9, 40	9, 13

Les résultats donnés par nos tables, s'accordent généralement beaucoup mieux avec ceux indiqués par le tarif de la compagnie d'assurances de Paris, que les résultats qu'on obtient par les tables de *Kerseboom*. Les petites inégalités qu'on y trouve tiennent, comme on l'a observé généralement (1), à la manière dont se font les déclarations de décès : les personnes qui les indiquent, ou les savent mal, ou ne donnent que le nombre rond le plus approchant : aussi on trouve souvent 60 ans où il aurait fallu 59 ou 58. Or, comme ce sont justement les sortes de nombres qui comportent le plus d'erreur, que nous avons employés pour faire la table précédente, c'est sur eux aussi que retombent les plus grandes inégalités. Nous ne nous sommes permis

---

(1) Voyez *Lacroix*, Traité élém. des Probabilités.

aucune correction à nos résultats, afin qu'on puisse un jour
les comparer à d'autres faits également à Bruxelles, ou bien
les étendre à un nombre d'années plus grand. Quand on voudra
donc se servir de nos tables pour les calculs des assurances, il
sera bon de les corriger, en régularisant les différences, comme
l'a fait *Saint Cyran*, pour les tables de *Dupré de St. Maur*;
et M. *de Montférant*, pour celles de *Duvillard*, qu'on trouve
dans l'*annuaire* du bureau des longitudes : il sera bon aussi
d'exprimer tous les nombres en parties d'un nombre rond tel
qu'un million, par exemple, comme on le fait ordinairement.

FIN.